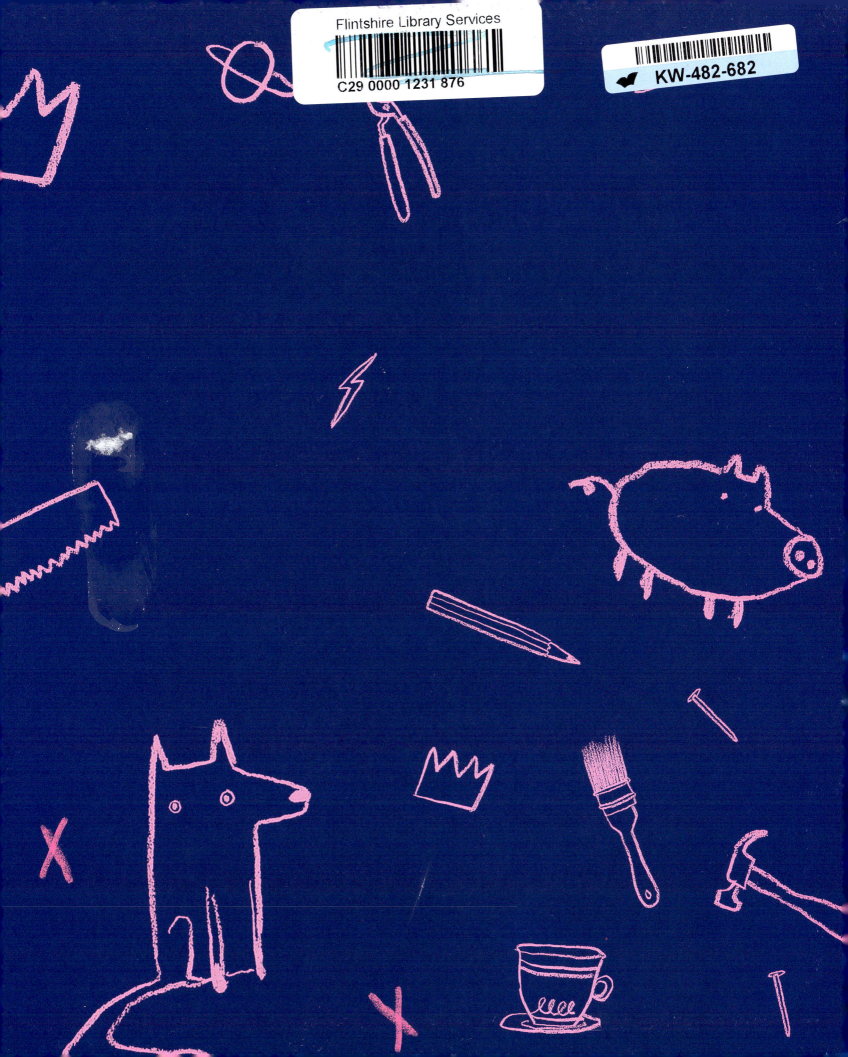

I'm merch, Mari (ac i Granny Marie)

Mae tipyn o waith o'n blaenau.

Y fersiwn Saesneg

Cyhoeddwyd gyntaf mewn clawr caled ym Mhrydain yn 2020 gan HarperCollins *Children's Books*,
1 London Bridge Street, London SE1 9GF

Mae HarperCollins *Children's Books* yn isadran o HarperCollinsPublishers Ltd.

Hawlfraint testun a lluniau © Oliver Jeffers 2020
Dyluniad: Rory Jeffers

Mae Oliver Jeffers yn datgan ei hawl fel awdur ac arlunydd y gwaith hwn.

Cedwir pob hawl.

Y fersiwn Cymraeg

Cyhoeddwyd yn y Gymraeg gan Atebol Cyfyngedig, Adeiladau'r Fagwyr,
Llanfihangel Genau'r Glyn, Aberystwyth, Ceredigion SY24 5AQ

Addaswyd gan Eurig Salisbury
Dyluniwyd gan Owain Hammonds
Golygwyd gan Adran Olygyddol Cyngor Llyfrau Cymru

Dymuna'r cyhoeddwr gydnabod cymorth ariannol Cyngor Llyfrau Cymru

Hawlfraint © Atebol Cyfyngedig 2021

ISBN: 978-1-80106-017-2

Ni chaniateir atgynhyrchu unrhyw ran o'r deunydd hwn na'i drosglwyddo ar unrhyw ffurf neu
drwy unrhyw fodd, electronig neu fecanyddol, gan gynnwys llungopïo, recordio neu drwy
gyfrwng unrhyw system storio ac adfer, heb ganiatâd ysgrifenedig y cyhoeddwr.

www.atebol-siop.com

Ni all neb fod yn rhydd i freuddwydio ac i gynllunio (ar gyfer y dyfodol)
os yw'n gorfod brwydro i oroesi (yn y presennol).
...ob tad a merch ar y Ddaear hon sydd o dan lawer mwy
...fantais nag ydyn ni, ein nod yw creu byd mwy cyfartal.
Cariad, Oliver a Mari.

You are only free to dream and plan (for the future)
when you are not battling to survive (the present).
To all those fathers and daughters on this orb whose odds are
...tacked less fortuitously than ours, our aim is to even the field.
Love, Oliver and Mari

...of am Óscar a Valeria, a geisiodd yn ofer i groesi atom.

...embrance of Óscar and Valeria, who tried and never made it across

BETH GRËWN NI?

WHAT WE'LL BUILD

Syniadau ar gyfer ein dyfodol ni

Plans for our together future

OLIVER JEFFERS

Addaswyd gan Eurig Salisbury

atebol

Beth grëwn ni, ti

What shall we build, you

a fi?

and I?

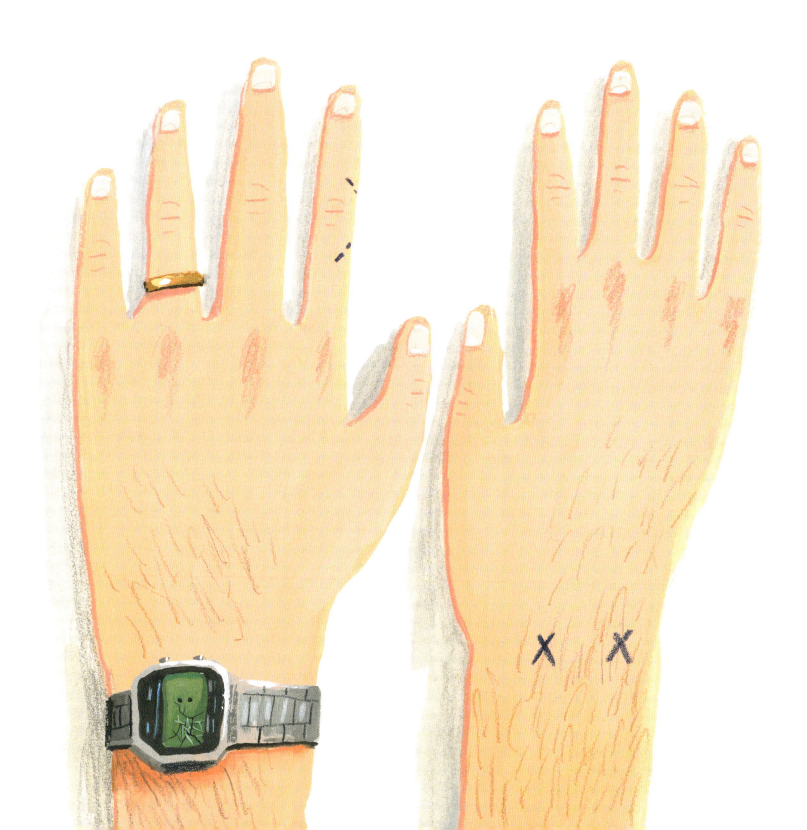

Yn gyntaf, gad inni gasglu'r offer i gyd.

Let's gather all our tools for a start.

Er mwyn rhoi at ei gilydd

For putting together

a thynnu'n rhydd.

and taking apart.

Gad inni greu drws

Let's build a door

lle doedd dim un.

where there was none.

A chodwn ein tŷ

We'll build a house

yn gartref cryf.

to be our home.

Fe wna i dy ddyfodol di, a tithau f'un i.

I'll build your future and you'll build mine.

Gwnawn oriawr i gadw'n holl amser ni.

We'll build a watch to keep our time.

Fe grëwn gariad, a'i gadw at eto,

We'll build some love to set aside,

a phalu twll i ni'n dau gael cuddio.

and build a hole where we can hide.

A chodwn ein caer
rhag gelynion cas,

A fortress to keep
our enemies out,

a chadw eu môr o weiddi mas.

and higher walls for when they shout.

Ond am nad yw neb – na, neb yn y byd –
yn colli nac yn ennill eu brwydrau i gyd,

But you don't always lose,
and you don't always win.

fe rown ni borth – ie, dyna a wnawn –
yng nghanol y mur i'w gweld nhw'n iawn.

So we'll build a gate to let them in.

Fe wnawn ni fwrdd i yfed te,
a dweud …

We'll build a table to drink our tea,
and say...

Finnau hefyd. Ocê.
Me three

Cawn godi tŵr
i wylio'r nos,

We'll build a tower
to watch the sky,

a cho‎di llaw
ar seren dlos.

and other worlds
that pass us by.

A beth am dorri twnnel dwfn,

Let's build a tunnel to anywhere.

neu godi ffordd i'r lleuad glir?

Let's build a road up to the moon.

Ac yno, gorwedd – wel, fe fyddwn
wedi blino'n lân cyn hir!

Let's build a comfy place to rest,
for we'll be tired soon.

Fe grëwn long na all fyth dorri,

Let's build a boat that can't be broken,

un gadarn na fydd byth yn boddi.

that will not sink, or be cracked open.

A lloches hefyd, pan ddaw hi'n aeaf,

A place to stay when all is lost,

i'r pethau a drysorwn fwyaf.

to keep the things we love the most.

Fe rown y pethau gorau yno

We'll put these favourite things beside

gyda'r cariad a gadwyd at eto.

the earlier love we set aside.

Dwi'n gwybod y byddwn eu hangen nhw,

I think that we may want them later,

pan fydd bywyd yn anodd, ryw ddydd, ar fy llw.

when times are hard and needs are greater.

Ond yn gyntaf oll,
beth am gynnau tân?

But, first things first, let's build a fire,

Ie, gwaith blinedig yw cynllunio o hyd!

for we've planned a lot and now we're tired.

Cawn ddechrau'r gwaith fory, ond am y tro,

It'll keep us warm like when we're born,

cawn ddweud 'nos da' yn gynnes glyd.

then we'll say good night, as all's all right.

Dyna'r pethau
y byddwn ni'n eu
creu

These are the things
we'll build,

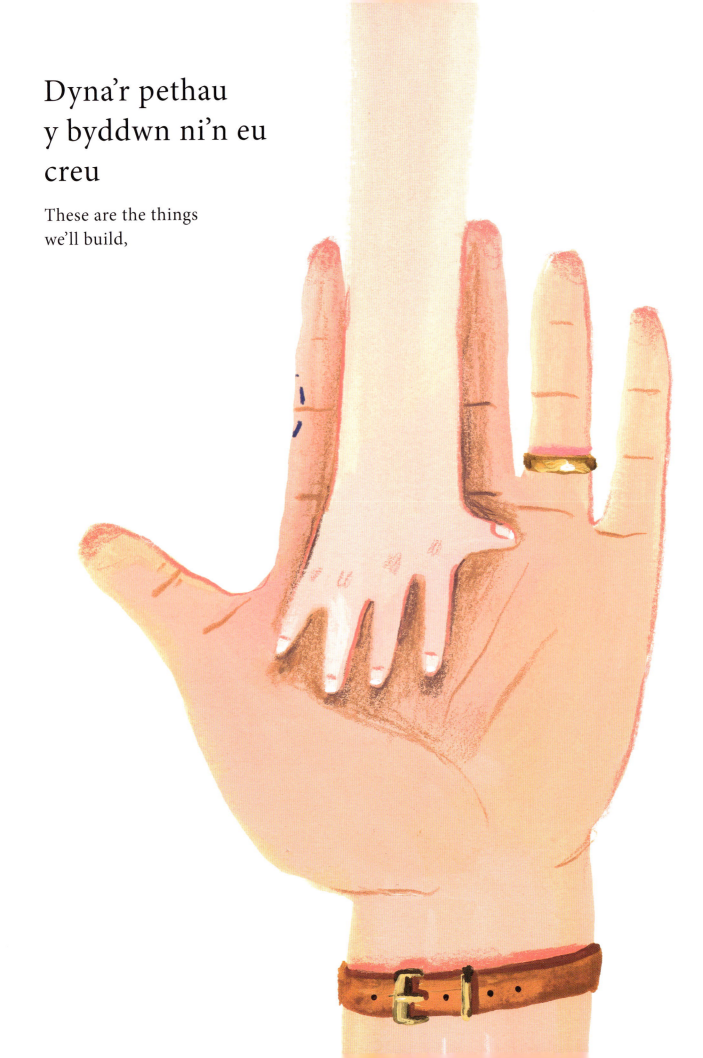

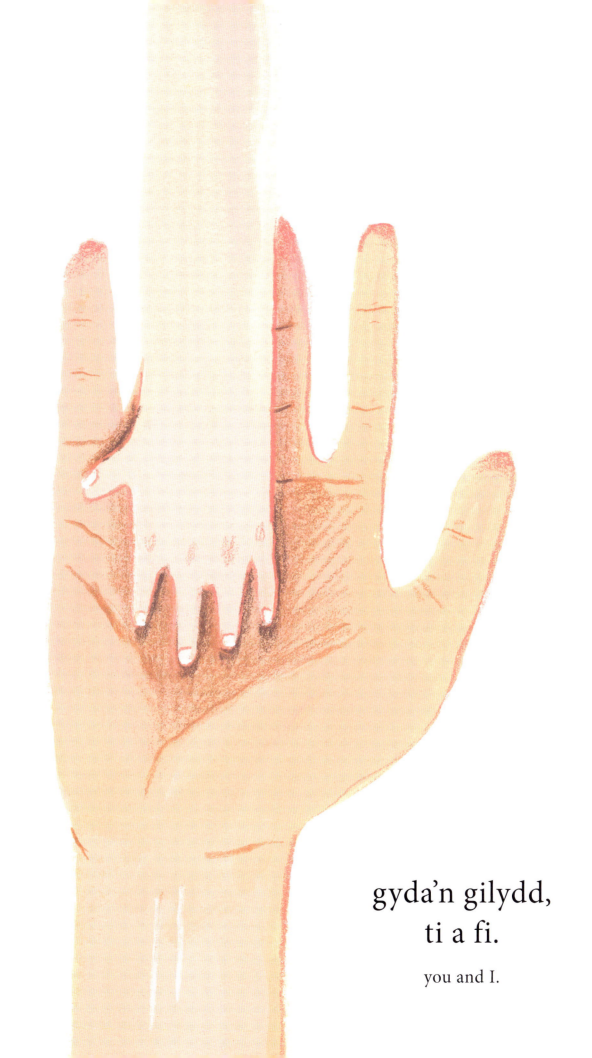

gyda'n gilydd,
ti a fi.

you and I.